Axel Kühner

Froh zu sein, bedarf es wenig

Axel Kühner

Froh zu sein, bedarf es wenig

55 heitere Gedanken für fröhliche Christen

neukirchener

Suche die kleinen Dinge,
die dem Leben Freude geben.
Konfuzius

Inhalt

Der Dreiklang des Lebens

Immer wieder Misstöne, die das Leben stören.

Ich wage einen Dreiklang, der das Leben fröhlich klingen lässt: nehmen – danken – geben!

Ich nehme alle Gaben des Lebens bewusst wahr, an und ernst: Leib und Gesundheit, Sinne und Verstand, Raum und Zeit, Arbeit und Ertrag, Geld und Gut, Beziehung und Bildung.

Ich setze sie mit Gott in Beziehung und danke ihm dafür.

Und ich setze sie mit anderen in Beziehung und teile sie im Geben und Mitteilen. So klingt das Leben wie eine wunderbare Melodie.

Er nahm die sieben Brote und dankte Gott dafür. Dann teilte er sie und gab sie den Jüngern, die sie an die Leute weiterreichten.
Markus 8,6

Er las, lachte und zahlte

Auf einem Basar, der 1863 für notleidende Polenkinder veranstaltet wurde, hielt sich an einem Stand die bekannte Schriftstellerin George Sand auf. Als der reiche Baron James von Rothschild vorüberging, sagte Frau Sand zu ihm: „Nun, Baron, möchten Sie bei mir etwas kaufen?“ – „Ich sehe nichts, was mir gefiele“, antwortete von Rothschild. „Aber verkaufen Sie mir doch Ihr Autogramm!“ Die Schriftstellerin nahm ein Blatt und schrieb darauf: „Von Herrn Baron von Rothschild tausend Franken für die notleidenden Polenkinder erhalten!“ Darunter schrieb sie ihren Namen als Autogramm und gab das Blatt dem Baron. Er las, lachte und zahlte.

Jeder, wie er es sich im Herzen vornimmt;
nicht widerwillig oder gezwungen, denn einen
fröhlichen Geber hat Gott lieb!
2. Korinther 9,7

Ich freue mich

Herr, ich werfe meine Freude
wie Vögel an den Himmel.

Die Nacht ist verflattert,
und ich freue mich am Licht.

Deine Sonne hat den Tau weggebrannt vom
Gras und von unseren Herzen.

Was da aus uns kommt, was da in uns ist
an diesem Morgen, das ist Dank.

Herr, ich bin fröhlich heute am Morgen.

Die Vögel und Engel jubilieren,
und ich singe auch.

Das All und unsere Herzen sind
offen für deine Gnade.

Ich fühle meinen Körper und danke.

Die Sonne brennt meine Haut,
ich danke.

Das Meer rollt gegen den Strand,
ich danke.

Die Gischt klatscht
gegen unser Haus, ich danke.

Herr, ich freue mich an der Schöpfung

und dass du dahinter bist und daneben

und davor und darüber und in uns.

Ich freue mich, Herr,
ich freue mich und freue mich.

Die Psalmen singen von deiner Liebe,
die Propheten verkündigen sie.

Und wir erfahren sie:

Weihnachten, Ostern, Pfingsten
und Himmelfahrt

ist jeder Tag in deiner Gnade.

Herr, ich werfe meine Freude
wie Vögel an den Himmel.

Ein neuer Tag, der glitzert und knistert, knallt
und jubiliert von deiner Liebe.

Jeden Tag machst du. Halleluja, Herr!

(Gebet aus Westafrika)

Freut euch zu jeder Zeit,
dass ihr zum Herrn gehört.
Und noch einmal will ich es sagen:
Freut euch!
Philipper 4,4

Alles muss seine Ordnung haben

Regeln sind gut, wenn sie uns dienen und unser Leben schützen und bewahren. Aber sie verlieren ihren Sinn, wenn sie uns knechten und wir ihre Sklaven werden. Eine alte Klosterlegende erzählt von der Tischregel, nach der es den Mönchen nicht erlaubt war zu reden. Wenn es an etwas fehlte, durfte nicht der Mönch selber bitten, sondern jeweils der Nachbar sollte das tun. Diese Regel wollte sinnvoll die eigene Bescheidenheit und die achtsame Fürsorge für den Nachbarn fördern.

Nun sah eines Abends beim Abendbrot ein Mönch zu seinem Entsetzen in seiner Suppe eine tote Maus schwimmen … Was konnte er tun? Beschweren durfte er sich nicht. So saß er ratlos vor seiner Suppe. Schließlich winkte er den Bruder vom Tischdienst herbei und flüsterte ihm ins Ohr: „Mein Nachbarbruder hat noch keine Maus in der Suppe!“

Jeder freut sich, wenn er treffend
zu antworten weiß –
wie gut ist das richtige Wort
zur rechten Zeit!
Sprüche 15,23

Was kann warten?

„Die Arbeit läuft dir nicht davon, wenn du einem Kind einen Regenbogen zeigst. Aber der Regenbogen wartet nicht, bis du mit der Arbeit fertig bist!" (Aus China)

Welche Arbeit kann heute warten, damit ich eine besondere Gelegenheit nicht versäume: einem Kind die bunten Farben des Regenbogens zeigen, einen geliebten Menschen umarmen, die altgewordenen Eltern anrufen, mit den kleinen Enkelkindern spielen, einen Kranken besuchen, mit Gott über mein Leben sprechen?

Die Arbeit läuft uns nicht weg, aber zu schnell sind die Momente des Glücks und der Liebe, der Freude und der Nähe, des Zuspruchs und des Trostes, der Nähe und des Gebetes dahin.

Wenn Gott uns in seinem Bogen der Treue zulächelt, sollten wir es nicht versäumen, innezuhalten, Zeit zu haben und das Staunen wieder zu lernen.

Alles hat seine bestimmte Stunde, und jedes Vorhaben unter dem Himmel hat seine Zeit: ... Ich habe das mühselige Geschäft gesehen, das Gott den Menschenkindern gegeben hat, damit sie sich damit abplagen. Ich habe erkannt, dass es nichts Besseres unter ihnen gibt, als sich zu freuen und Gutes zu genießen in seinem Leben;

Prediger 3,1.10.12

Zufrieden

Der weise Philosoph Diogenes hatte im Flusswasser ausgiebig gebadet und ruhte nun auf einem Felsen in der Sonne. Ihre Wärme tat dem Mann gut, und er genoss die kostenlose Wohltat. Da ritt Alexander von Mazedonien mit einem großen Gefolge und herrlicher Pracht vorbei. Als er den armen Philosophen sah, dauerte der ihn, und er sagte: „Ach, du armseliger Mensch, bitte mich, und ich werde dir geben, was du auch möchtest!" Diogenes antwortete höflich: „Ich bitte dich herzlich: Geh mir aus der Sonne!"

Mit Leib und Seele juble ich dir zu,
du lebendiger Gott! Denn Gott, der HERR,
ist die Sonne, die uns Licht und Leben gibt,
schützend steht er vor uns wie ein Schild.
Psalm 84,3.12

Gutes tun

„Tu deinem Leib etwas Gutes, damit deine Seele wieder Lust hat, darin zu wohnen!" (Teresa von Ávila)

Was kann ich meinem Leib heute Gutes tun? Einen großen Spaziergang machen, die Sonne auf einer Parkbank genießen, mir im Café eine Pause mit einem Cappuccino gönnen, ein herrliches Essen in Ruhe verzehren, ein wohliges Entspannungsbad nehmen, meinen Augen herrliche Bilder und meinen Ohren traumhafte Musik bieten, mit den Händen etwas malen, modellieren oder pflanzen, eine Schüssel herrlich duftender Erdbeeren genießen, aber bitte mit Sahne!

Ist es falsch, wenn ich meinem Bruder, der jeden Tag so viele Lasten für mich trägt, mal etwas Gutes tue? Nein, mein Bruder Leib wird es mir danken und umso fröhlicher weitergehen. Und meine Schwester Seele wird wieder umso lieber mit ihrem Bruder zusammen sein.

So geh nun hin, iss mit Freuden dein Brot und trinke deinen Wein mit fröhlichem Herzen, denn Gott hat dein Tun längst gebilligt! Lass deine Kleider allezeit weiß sein, und lass das Öl nicht fehlen auf deinem Haupt!

Prediger 9,7f

Goldene Äpfel auf silbernen Schalen

Ein Arzt, der in seinem Beruf über Jahrzehnte Erfolg hatte, setzte sich eines Tages hin und schrieb einen Dankesbrief an seine ehemalige Lehrerin, die ihn damals so sehr ermutigt hatte, als er in ihrer Klasse war.

Eine Woche darauf erhielt er eine mit zittriger Hand geschriebene Antwort. Der Brief lautete: ‚Mein lieber Willi, ich möchte, dass Du weißt, was mir Dein Brief bedeutet hat. Ich bin eine alte Frau in den Achtzigern, lebe allein in einem kleinen Zimmer, koche mir meine Mahlzeiten selbst, bin einsam und komme mir vor wie das letzte Blatt an einem Baum. Vielleicht interessiert es Dich, Willi, dass ich 50 Jahre lang Lehrerin war, und in der ganzen Zeit ist Dein Brief der erste Dank, den ich je erhalten habe. Er kam an einem kalten, blauen Morgen und hat mein einsames, altes Herz erfreut, wie mich in vielen Jahren nichts erfreut hat!"

Wie goldene Äpfel auf einer silbernen Schale,
so ist ein rechtes Wort zur rechten Zeit.
Sprüche 25,11

Vertrauen wird belohnt

Um Rübezahl, den sagenhaften Berggeist des Riesengebirges, ranken sich viele Legenden. Er neckt die Wanderer, führt sie in die Irre, wenn sie ihn ärgern, oder beschenkt sie, wenn sie ihn um Hilfe bitten. Und vor allem hütet er die riesigen Bergschätze.

Eine Sage erzählt, dass ihn eines Tages zwei arme Wanderer um eine milde Gabe bitten. Rübezahl gibt jedem von ihnen einen einfachen Stock. Der eine Wanderer verachtet das offensichtlich wertlose Geschenk, spottet über Rübezahl und wirft den Stock ärgerlich weg. Der andere behält ihn im Vertrauen darauf, dass er irgendeine Bedeutung und einen Wert hat. Bald darauf verwandelt sich der einfache Stock in pures Gold, macht den armen Wanderer reich und belohnt sein Vertrauen.

Gott hat uns viel verheißen und auf unsere Bitten hin uns manches anvertraut. Den Menschen scheint es bisweilen als wertloses Holz und sie werfen die Hoffnung fort. Aber das Vertrauen wird belohnt, die Verheißungen verwandeln sich dem Glaubenden in reiche Erfüllung und Belohnung.

So werft nun eure Zuversicht nicht weg,
die eine große Bedeutung hat!
Hebräer 10,35

Carpe diem – pflücke den Tag!

Einmal ist eine Maus nachts in den Laden gelaufen. Sie hat all die guten Sachen gerochen: Butter und Speck, Wurst und Käse, Brot und Kuchen, Äpfel und Nüsse. Zuerst hat sie sich auf die Hinterbeine gesetzt und ihr Schnäuzchen in die Luft gestreckt und vor lauter Freude gepfiffen. Aber womit sollte sie jetzt anfangen?

Sie wollte gerade an einem Butterstückchen knabbern, da hat es von der anderen Seite so lecker nach Speck gerochen, und von woanders her noch besser nach Käse. Sie wollte gerade am Käse knabbern, da hat es von der einen Seite so gut nach Wurst gerochen und von der anderen Seite so lecker nach Kuchen. Sie wollte gerade vom Kuchen kosten, da hat es von der einen Seite so gut nach Äpfeln gerochen und von der anderen Seite nach Nüssen.

Die arme Maus ist immer hin und her gerannt. Sie wusste wirklich nicht, was sie zuerst fressen sollte. Und auf einmal war es taghell, und die Leute sind in den Laden gekommen und haben die Maus hinausgejagt.

Da hat die Maus zu den anderen Mäusen gesagt: „Nie mehr gehe ich in diesen Laden! Wenn man gerade anfangen will zu fressen, wird man schon hinausgejagt!"

Macht das Beste aus der Zeit,
die euch geschenkt ist!
Kolosser 4,5

Lebenskunst

Gelassen sein und nicht lässig werden.

Leicht leben und niemals leichtsinnig sein.

Mutig handeln und dabei nicht übermütig werden.

Beweglich bleiben und verbindlich leben.

In sich ruhen und nicht träge werden.

Versöhnt sein und dabei nicht fatalistisch denken.

Weise sein und nicht alles wissen.

Eine große Vision haben und ganz
kleine Schritte tun.

Viele kleine Dinge mit großer Treue erledigen.

Gott von Herzen lieben und

Menschen auf dem Herzen tragen.

Menschen lieben und sich selbst nicht vergessen.

Verantwortlich leben und doch erlöst sein.

Innen befreit sein und äußerlich mit
Bedingungen leben.

Jeden Tag richtig nutzen und damit das Sterben
verarbeiten.

Den Lebensweg ganz ernst nehmen

Und sich auf das Lebensziel unbändig freuen.

*Durch Christus seid ihr dazu berufen,
frei zu sein, liebe Brüder und Schwestern! Aber
benutzt diese Freiheit nicht als Deckmantel, um
eurem alten selbstsüchtigen Wesen nachzugeben.
Dient vielmehr einander in Liebe.*
Galater 5,3

Gott zieht

Ein Junge lässt am Strand bei herrlichem Wind seinen Drachen steigen. Als seine Schnur völlig abgerollt ist, sieht man den Drachen gar nicht mehr, so hoch ist er in die Wolken hineingeschwebt.

Ein älterer Herr tritt zu dem Jungen und fragt ihn, was er da mache. „Ich lasse meinen wunderschönen Drachen steigen!", sagt der Junge stolz. „Aber ich sehe gar keinen Drachen!", sagt der Mann. „Ich sehe ihn auch nicht", antwortet der Junge, „und doch ist er da. Ich fühle, wie er zieht."

Wie oft fragen uns Menschen danach, wo Gott ist. Er ist doch nicht zu sehen. Nein, wir sehen ihn auch nicht. Aber wir spüren, wie er zieht, mit seiner Liebe und Treue, seiner Barmherzigkeit und Wahrheit zieht er unser Leben in seine Nähe und ans Ziel.

Mit ewiger Liebe habe ich dich geliebt; darum habe ich dich zu mir gezogen aus lauter Gnade.
Jeremia 31,3

Schätzchenjäger

Ein Mann sucht auf Trödelmärkten, in Kramläden und Antiquitätengeschäften nach besonders wertvollen Sachen. Er kennt sich aus und mit Kennerblick entdeckt er in einem Laden eine besonders feine Schale. Aufgeregt sieht er sie genau an. Es ist ein kostbares Stück aus feinstem chinesischen Porzellan aus der Ming-Dynastie, mit Geld gar nicht zu bezahlen. Und der Ladenbesitzer hat offenbar keine Ahnung, wie wertvoll die Schale ist, denn er lässt sein Kätzchen Milch daraus trinken. Der Mann verbirgt sorgsam seine Erregung und seine Gier. Wie gelangweilt geht er auf den Verkäufer zu und meint: „Sie haben eigentlich nur billigen Trödel und wertlosen Kram, aber ihre Katze ist außergewöhnlich schön, die würde ich Ihnen gern abkaufen!" – „Nein, die Katze ist nicht zu verkaufen, die hält mir den Laden mäusefrei!"

„Also, ich biete Ihnen 100 Dollar für das Tier!"

„Na gut, das ist sie natürlich nicht wert, aber wenn Sie sie unbedingt haben wollen, gehört sie Ihnen für 100 Dollar!"

„Und dann lege ich noch 10 Dollar drauf für das Milchschälchen, damit die Katze bei mir ihr gewohntes Näpfchen hat!" – „Ausgeschlossen, die Schale ist feinstes chinesisches Porzellan aus der Ming-Dynastie und nicht bezahlbar. Aber Sie werden es kaum glauben, seitdem ich die Schale als Milchnapf nehme, habe ich schon etwa zwanzig Katzen verkauft!"

Tiefes Wasser ist das Vorhaben im Herzen
eines Mannes; ein verständiger Mann
aber schöpft es aus.
Sprüche 20,5

Sprung in der Schüssel

Eine indische Geschichte erzählt von einem Wasserträger, der jeden Tag aus einer Quelle in zwei großen Töpfen an einem Joch das kostbare Wasser holte. Nun hatte der eine der beiden Töpfe einen Sprung und während des langen Weges tropfte etwas Wasser heraus. Darum lieferte er aus dem einen Topf immer weniger Wasser ab. Nach Jahren des Dienstes tat es dem Topf leid, und er sagte zum Wasserträger: „Wegen meines Sprunges konntest du trotz deiner schweren Arbeit aus mir nie die volle Wassermenge liefern. Dafür möchte ich dich um Verzeihung bitten!" Doch der Wasserträger antwortete dem Topf: „Schau beim nächsten Weg bitte einmal auf den Wegrand auf deiner Seite. Ich wusste um das herauslaufende Wasser und habe darum dort blumensamen eingesät, und nun schau die herrliche Blumenpracht, die du mit deinem Wasser hervorgebracht hast. So konnte ich all die Jahre wunderschöne Blumen pflücken und meine Familie damit erfreuen."

Diesen kostbaren Schatz tragen wir in uns,
obwohl wir nur zerbrechliche Gefäße sind.
So wird jeder erkennen, dass die außerordentliche Kraft, die in uns wirkt, von Gott kommt
und nicht von uns selbst.
2. Korinther 4,7

Der zweite Frühling mit den dritten Zähnen

Ein älteres Ehepaar wacht morgens auf. Sie haben einen großen Tag vor sich, ihre goldene Hochzeit. So liegen sie noch ein wenig, denken zurück und entspannen sich vor dem Trubel des Tages. Da meint sie: „Männe, das ist aber bei uns nicht mehr wie früher!“ – „Ja, aber was denn?“ – „Früher, wenn wir zusammen aufgewacht sind, hast du meine Hand genommen und sie fest gedrückt.“ – „Aber, das mach ich doch gern!“ Und er nimmt ihre Hand und drückt sie fest. Und das tut so gut.

Nach einer ganzen Zeit: „Männe, das ist aber bei uns nicht mehr wie früher!“ – „Ja, aber was denn?“ – „Früher, wenn wir zusammen aufgewacht sind, dann hast du meine Hand genommen, sie fest gedrückt. Und dann hast du ganz zart meinen Arm gestreichelt.“ – „Aber, das mach ich doch gern!“ Und er streichelt ganz zart ihren Arm. Und das tut so gut.

Nach einer ganzen Zeit: „Männe, das ist aber bei uns nicht mehr so wie früher!" – „Ja, aber was denn?" – „Früher, wenn wir zusammen aufgewacht sind, dann hast du meine Hand fest gedrückt, meinen Arm zart gestreichelt und dann, weißt du noch, hast du mich am Ohrläppchen geknibbelt!" Er reißt die Decke weg, springt aus dem Bett und rennt zur Tür. Und sie ruft: „Männe, bleib hier, ich wollte dich nicht kränken, ich hab's nicht so gemeint!" – „Nein, ist schon gut, ich hol nur schnell meine Zähne!"

Bei allem, was ihr tut,
lasst euch von der Liebe leiten.
1. Korinther 16,14

Glaube, Hoffnung, Liebe

Der Glaube ist wie das Salz in der Suppe. Auch wenn er verborgen und unsichtbar ist, schmeckt das ganze Leben anders.

Die Hoffnung ist wie das Gewürz am Gemüse. Auch wenn sie nur eine winzige Spur ist, werden alle Tage herzhaft und sind nicht so fade.

Die Liebe ist wie der Zucker im Tee. Auch wenn sie noch so klein ist, versüßt sie alles und von Bitterkeit ist nichts zu schmecken.

Vor Gott, unserem Vater, erinnern wir uns,
mit welcher Selbstverständlichkeit ihr euren
Glauben in die Tat umsetzt, zu welchem
unermüdlichen Einsatz ihr aus Liebe bereit seid
und wie standhaft euch die Hoffnung auf das
Kommen unseres Herrn Jesus Christus macht.
1. Thessalonicher 1,3

Der Banküberfall

In Florenz plante Furbelone, der Leiter der Roten Brigade, einen Banküberfall. Zwei als Polizisten verkleidete Verbrecher standen am Eingang der Bank, zwei andere sollten in die Bank eindringen und den Kassierer mit Waffen zur Herausgabe des Geldes zwingen. Ein Fluchtauto mit gefälschtem Nummernschild wartete abfahrbereit.

Furbelone selber saß als Bettler verkleidet auf den Stufen der gegenüberliegenden Kirche, um von dort das Einsatzzeichen für die gesamte Aktion zu geben. Gerade, als der Überfall beginnen sollte, kam eine Mutter mit ihrem kleinen Mädchen an der Hand die Treppe zur Kirche herauf, um mit dem Kind in der Kirche zu beten. Das Mädchen sah den Bettler und gab ihm ihr Pausenbrot mit einem liebevollen Blick. Verärgert wollte Furbelone das Mädchen übersehen, aber ihr kindlicher Blick und die barmherzige Geste überwanden den harten Verbrecher. Ganz tief empfand er, dass hier ein Mensch ist, der ihn mit den Augen der Liebe sieht. Anstatt das Signal zum Raubüberfall zu geben, nahm der Terrorist das Brot von dem kleinen lächelnden Kind und ging mit ihr in die Kirche. Sein Verbrecherleben war zu Ende.

Wandelt als Kinder des Lichts!
Die Frucht des Geistes besteht nämlich in
lauter Güte und Gerechtigkeit und Wahrheit.
Epheser 5,8f

Wie lahme Christen wieder auf die Füße kommen

Martin Buber berichtete von seinem Großvater. Er war gelähmt und wurde eines Tages gebeten, die Geschichte von seinem Lehrer zu erzählen. Da schilderte er, wie der heilige Baalschem beim Beten zu hüpfen und zu tanzen pflegte. Der Großvater stand und beschrieb den Lehrer, und die Erzählung riss ihn so hin, dass er hüpfend und tanzend zeigen musste, wie es der Meister gemacht hatte. Von Stund an war er von seiner Lähmung geheilt.

So muss man von Jesus erzählen und das Leben verkündigen, dass es uns selbst hinreißt und andere ansteckt. Es gibt so viele Rechtgläubige und so viele richtige Predigten, aber so wenige Begeisterte, Hingerissene, über deren Glaubenszeugnis andere Menschen zum Glauben und sie selbst wieder in Schwung und auf die Füße kommen.

Wir können unmöglich verschweigen,
was wir gesehen und gehört haben!
Apostelgeschichte 4,20

Was heißt verlieren?

Einmal wollte Gandhi in einen Zug steigen, doch dabei verlor er eine seiner Sandalen. Der Zug fuhr an, und so gelang es ihm nicht mehr, auszusteigen und sie zu holen. Kurzerhand zog er die andere Sandale auch noch vom Fuß und warf sie aus dem Fenster, sodass sie neben der ersten zu liegen kam. Die übrigen Fahrgäste im Zug waren sehr verwundert über sein Verhalten, und schließlich traute sich einer von ihnen zu fragen: „Warum haben Sie das getan? Nun haben Sie zwei Schuhe verloren!" Gandhi antwortete lächelnd: „Was soll ich mit einer Sandale? So hat wenigstens der, der beide findet, ein Paar, das er anziehen kann."

Wer sich an sein Leben klammert, der wird es verlieren. Wer aber sein Leben für mich aufgibt, der wird es für immer gewinnen.
Matthäus 16,25

Segen sei mit dir

Segen sei mit dir,
der Segen des strahlenden Lichtes,
Licht um dich her
und innen in deinem Herzen.

Sonnenschein leuchte dir
und erwärme dein Herz
bis es zu glühen beginnt
wie ein großes Torffeuer,
und der Fremde tritt näher
um sich daran zu erwärmen.

Aus deinen Augen strahle gesegnetes Licht
wie zwei Kerzen
in den Fenstern deines Hauses,
die den Wanderer locken,
Schutz zu suchen dort drinnen
vor der stürmischen Nacht.

Wen du auch triffst,
wenn du über die Straße gehst,
ein freundlicher Blick von dir
möge ihn treffen.

(Aus Irland)

HERR, du machst die Finsternis um mich hell,
du gibst mir strahlendes Licht.
Psalm 18,29

Platzwechsel

Der Organist einer Dorfkirche spielte einmal ein Stück von Mendelssohn. Er spielte es mehr schlecht als recht. Ein Fremder, der vorbeikam, hörte die Klänge, kam in die Kirche und wartete das Ende ab. Dann bat er den Organisten, ihn einmal spielen zu lassen.

Energisch wehrte der Organist ab: „Niemand außer mir spielt auf dieser Orgel!“ Mehrmals musste der Fremde ihn bitten und anflehen, bis der Organist schließlich nachgab. Der Fremde setzte sich auf die Orgelbank, stellte die Register richtig ein und begann, das gleiche Stück zu spielen. Aber welch ein Unterschied! Die kleine Kirche füllte sich mit himmlischer Musik. Der Organist hörte verwundert zu und fragte dann: „Wer sind Sie?“ Bescheiden erwiderte der Fremde: „Ich bin Mendelssohn!“ – „Was“, rief der Organist, „und ich wollte Sie nicht meine Orgel spielen lassen?“

Jesus hat unser Leben wunderbar erlöst und teuer erkauft. Wir sind sein Werk. Lassen wir ihn ran!

Er nimmt es in seine Hand und macht daraus eine himmlische Melodie.

Jetzt erkenne ich nur Bruchstücke,
doch einmal werde ich alles klar erkennen,
so deutlich, wie Gott mich jetzt schon kennt.
1. Korinther 13,12

Höhepunkt

In jedem Leben gibt es besondere Zeiten des Glücks und der Erfüllung. Wie Berggipfel ragen sie aus dem Gelände der Zeit hervor und bilden die Höhepunkte: ein guter Schulabschluss, ein bestandenes Examen und die fröhlichen Feiern im Freundeskreis, ein schöner Urlaub, aus dem man mit neuer Kraft und neuen Ideen zurückkehrt, eine tiefe Freundschaft, eine glückliche Heilung nach schwerer Krankheit, Erfolg im Beruf und Wachstum in der Gemeinde und schließlich die besondere Zeit, die man auch so nennt, die Hochzeit. Eine glückliche Liebe, eine gute Ehe, eine lebendige Familie, die Erwartung, Geburt und das Heranwachsen der Kinder, das sind Höhepunkte des Lebens. Aber auch besondere Erfahrungen der Einsamkeit und Einfachheit des Lebens, der inneren Einkehr, der Stille und des Gebetes mögen dazu zählen. Wir können sie nicht machen und verdienen, nicht kaufen und herstellen, nicht festhalten und zwingen, aber wir können sie bewusst genießen, dankbar erleben und fröhlich mit anderen teilen. Gott wird sich mitfreuen, wenn Menschen fröhlich sind und andere damit anstecken. Geglückte menschliche Beziehungen sind die wirklichen Höhepunkte des Lebens, und die persönliche Beziehung zu Gott ist das Höchste, was wir erleben können. Diese Glaubensbeziehung zielt auf eine letzte Vollendung, den absoluten Höhepunkt, wenn Gott uns in seine ewige Herrlichkeit nimmt, die Hoch-Zeit bei Gott.

„Diesen Freudentag hat er gemacht,
lasst uns fröhlich sein und jubeln!
Psalm 118,24

„Gut, Vater!"

Hoch oben in den Schweizer Bergen tummeln sich Tausende von Skifahrern. Sie genießen den Schnee und die Sonne, die Bewegung und das Treiben. Plötzlich schauen alle auf einen Abfahrer: ein Vater auf seinen Skiern, hinter ihm sein kleiner Junge. Die Arme um die Beine des Vaters geschlungen, sausen sie zu zweit den Hang hinab. Der Junge hält sich fest und jubelt laut voller Vergnügen: „Gut, Vater, gut, Vater, gut, Vater!"

Der Junge kann die Fahrt weder steuern noch bremsen, aber er hat blindes, kindliches Vertrauen in das Geschick und Können seines Vaters. So kann er die rasante Fahrt genießen und dabei voller Freude jauchzen.

Wenn wir auf der Fahrt unseres Lebens ein solches Vertrauen zu Gott, unserem Vater, haben könnten. Er bringt uns ganz sicher ans Ziel. Warum haben wir so viel Angst und machen uns so viele Sorgen, grämen und bekümmern uns. So werden die Tage quälend und kümmerlich, die Seelen von Sorgen und Ängsten zermürbt. Gott hat alle Dinge fest in der Hand, auch die Geschichte und Geschicke unseres Lebens. Je mehr wir mit Gott vertraut werden, desto mehr werden wir ihm vertrauen.

Vertraue auf den HERRN von ganzem Herzen
und verlass dich nicht auf deinen Verstand;
erkenne Ihn auf allen deinen Wegen,
so wird Er deine Pfade ebnen.
Sprüche 3,5f

Genug!

Vor Jahren fuhr jemand der Küste des Golfs von Genua entlang. Er nahm nicht die Autobahn, sondern eine alte Straße, die an prächtigen Villen mit wunderschön angelegten Gärten vorbeiführte. Was ihm aber besonders auffiel, war ein kleines, einfaches Haus ohne jeden Luxus. Im dazugehörigen Garten hatte man vor allem Gemüse angebaut. Auf die weiße Fassade war mit schwarzen Buchstaben gemalt worden: „Murituro satis“. Das bedeutet: Genug für jemand, der sterben muss.

Es stimmt ja: Als Christ zu leben bringt großen Gewinn. Allerdings nur dann, wenn man mit dem zufrieden ist, was man hat.

1. Timotheus 6,6

Gehen und Bleiben

Ein riesiger Baum mit einem breiten Blätterdach bot einem müden Wanderer einen schattigen Ort zum Rasten und Ruhen. Der Wandersmann hatte gegessen, getrunken, ein Nickerchen gemacht, und als er seinen Rucksack schulterte, dachte der Baum bei sich: „Der Mann hat es eigentlich gut. Er wandert weiter, lernt andere Orte und Länder kennen. Ich stehe hier schon einige Jahrzehnte am gleichen Ort. Wie die Welt wohl woanders aussieht?"

Und der Wanderer dachte, als er den Stock nahm und seine müden Füße voreinander setzte: „Der Baum hat es eigentlich gut, er hat hier sein Zuhause, muss nicht immer wieder aufbrechen und die Last des Weges spüren. Er ist hier sicher und fest mit der Erde verwachsen!"

Aber der Baum sprach zum Wanderer: „Du bist eigentlich arm dran, musst immer weiterwandern, kommst nirgends zur Ruhe. Schau mich an, ich bin zwar auch in Bewegung, aber ich habe meinen Platz, bin tief verwurzelt und mit allem hier vertraut und eins. Ich habe meine Ruhe und Tiefe, meine Höhe und Weite!"

Und der Wanderer sagte zum Baum: „Du bist eigentlich arm dran, immer am gleichen Ort. Du erlebst nicht die Abenteuer des Aufbruchs, die Abwechslung der Reisen und den Reiz des Neuen!"

So verglichen sich der Baum und der Wanderer, beneideten sich heimlich und verachteten sich öffentlich und beiden tat beides ziemlich weh. Schließlich dachten sie beide, wie dumm es sei, sich schlecht zu reden und besser zu dünken. „Können wir nicht Freunde werden?", fragte der Baum. „Du erzählst mir von deinen Reisen und Wegen, Abenteuern und Erfahrungen, und ich biete dir ein Zuhause, einen Ruheort und erfreue dich mit Weisheiten aus der Tiefe und Früchten aus der Erde!"

So versöhnten sich Wanderer und Baum, hörten mit dem schmerzlichen Vergleichen auf und wurden herzliche Freunde.

*Dann wählte er zwölf von ihnen aus,
die er Apostel nannte. Sie sollten ständig
bei ihm bleiben und von ihm lernen.
Er wollte sie mit dem Auftrag aussenden,
die rettende Botschaft zu verkünden.*
Markus 3,14

Den laden wir auch mal ein!

Ein Lehrer nimmt im Religionsunterricht die Geschichte von der Hochzeit in Kana durch. Er erklärt den Kindern, wie damals zur Zeit Jesu eine Hochzeit gefeiert wurde, wie sich die Familien durch eine Woche Festlichkeiten mit vielen Gästen hoch verschuldeten, aber alle ihre Ehre dareinsetzten, die Gäste gut und reichlich zu bewirten. Er macht deutlich, welche Katastrophe es bedeutete, dass der Wein ausging, und wie verwunderlich es war, dass Jesus, der als Gast bei der Hochzeit eingeladen war, in dieser Verlegenheit gut 300 Liter Wasser in den besten Wein verwandelte. Um das etwas Anstößige daran aus den Kindern herauszulocken, fragt er in die Klasse: „Was haben wohl die Leute damals gedacht, als Jesus so viel Wasser in Wein verwandelt hatte?" Ein Junge meldet sich und sagt: „Die Leute haben sicher gedacht: Den laden wir auch mal ein!"

Schöner und richtiger kann man den Sinn der Geschichte nicht umschreiben. Sie möchte verlocken, Jesus einzuladen in die Hoch-Zeiten und die Tief-Zeiten des Lebens, in Haus und Familie, Arbeit und Freizeit, Freude und Leid. Denn wenn Jesus eingeladen ist, verwandelt sich was. Also: „Den laden wir auch mal ein!“

(Es) wurde in dem Dorf Kana in
Galiläa eine Hochzeit gefeiert.
Die Mutter von Jesus war dort,
und auch Jesus hatte man
mit seinen Jüngern eingeladen.
Johannes 2,1f

Mütterlicher Instinkt

Tom ist von zu Hause ausgezogen, um in der nahegelegenen Universitätsstadt sein Studium zu beginnen. Er wohnt recht günstig in einer Zweier-WG. Nun wird es Zeit, seine Mutter, die ihn liebevoll unterstützt einmal zum Essen einzuladen. Die Mutter kommt zu Besuch, findet die Bleibe ihres Sohnes wunderbar. Beim Abendessen stellt Tom seiner Mutter Joana, seine Mitbewohnerin, vor. Das Essen ist köstlich, sie Unterhaltung anregend, die Stimmung gelöst, der Abend so richtig schön. Im Laufe der Zeit bemerkt die Mutter immer deutlicher, wie hübsch die Mitstudentin und wie aufmerksam ihr Sohn ist. Und ganz langsam spürt sie, dass da doch mehr zwischen den beiden ist.

Tom ahnt die Gedanken seiner Mutter und versichert ihr ganz locker: „Mama, ich weiß, was du denkst, aber ich versichere dir, dass wir beiden nur miteinander wohnen!"

Einige Tage später meint Joana zu Tom: „Seit deine Mutter bei uns zum Essen war, ist meine silberne Saucenschüssel spurlos verschwunden!"

Tom ist ganz irritiert. „Ich glaube niemals, dass meine Mutter deine Saucenschüssel mitgenommen hat, aber ich werde ihr schreiben und sie höflich fragen." Tom schreibt an seine Mutter: „Liebe Mama, über deinen Besuch haben wir uns sehr gefreut. Aber seitdem ist Joanas silberne Saucenschale verschwunden. Ich sage nicht, dass du sie genommen hast. Aber Fakt ist, sie ist weg! In Liebe, dein Tom." Bald darauf bekommt Tom den Antwortbrief: „Mein lieber Tom, ich danke dir für deinen Brief. Ich sage nicht, dass du mit Joana schläfst, aber Fakt ist, wenn sie in ihrem Bett geschlafen hätte, hätte sie die silberne Saucenschüssel längst gefunden. In Liebe, deine Mama!"

Eine rechte Antwort ist
wie ein Kuss auf die Lippen.
Sprüche 24,26

Vierfache Freude

Der Mensch kennt eine vierfache Freude, die sein Leben erhebt:

1. Die Freude, Gutes zu tun. Auf diesem Feld der Ethik wird Freude erlebt, indem sie anderen gemacht wird.

2. Die Freude, Schönes zu sehen. Ästhetik ist der Sinn, der Formen und Farben, Zauber und Schönheit wahrnimmt.

3. Die Freude, Wahres zu erkennen. Vernunft und Verstand nehmen Zusammenhänge wahr und verarbeiten und verknüpfen sie.

4. Die Freude, Heiliges anzubeten. Im Glauben und Lieben sich dem heiligen Gott zu öffnen und seine Einwirkungen zu spüren, ist die höchste Lebensfreude. Die Freude am Heiligen, Wahren, Schönen und Guten sind die elementaren Impulse und Träger des menschlichen Lebens. Wer nichts Heiliges anzubeten hat, wer keine Wahrheit erkennen kann, wer

keine Schönheit sehen und nichts Gutes tun kann, lebt ein verkümmertes Leben.

Es ist dir gesagt, o Mensch,
was gut ist und was der HERR von dir fordert:
Was anders als Recht tun,
Liebe üben und demütig wandeln
mit deinem Gott?
Micha 6,8

Sonnengesang

Höchster, allmächtiger, guter Herr,
dein ist das Lob, der Ruhm und die Ehre
und alles Preisen.

Dir allein, Höchster, stehen sie zu,
und kein Mensch ist würdig,
dich nur zu nennen.

Sei gelobt, mein Herr,
mit allen deinen Geschöpfen,
besonders dem Herrn, dem Bruder Sonne;
er ist der Tag, und du leuchtest uns durch ihn.

Er ist schön und strahlend in großem Glanz,
von dir, Höchster, trägt er ein Bild,
das dir gleicht.

Sei gelobt, mein Herr,
durch Schwester Mond und die Sterne,
am Himmel geformt hast du sie,
kostbar und schön.

Sei gelobt, mein Herr, durch Bruder Wind,

durch die Lüfte, wolkig und heiter,
durch jedes Wetter,
das deine Geschöpfe am Leben erhält.

Sei gelobt, mein Herr, durch Schwester Wasser,
sehr nützlich ist sie, demütig, kostbar und rein.

Sei gelobt, mein Herr, durch Bruder Feuer,
durch den du die Nacht erleuchtest,
schön und fröhlich ist er, kraftvoll und stark.

Sei gelobt, mein Herr,
durch unsere Schwester, Mutter Erde,
die uns erhält und regiert,
die vielerlei Frucht bringt,
bunte Blumen und Kräuter.

Sei gelobt, mein Herr, durch jene,
die verzeihen aus deiner Liebe,
die Schwachheit ertragen und Not.
Selig, die harren in Frieden,
denn sie werden, Höchster,
von dir die Krone empfangen.

Sei gelobt, mein Herr, durch unsere Schwester,
den leiblichen Tod:
Kein Mensch kann ihr lebend entrinnen.

Weh denen, die in Todsünden sterben;
selig, die sie findet in deinem heiligsten Willen,
denn der zweite Tod kann ihnen nicht schaden.

Lobet und preiset meinen Herrn,
danket und dient ihm in großer Demut.

(nach Franz von Assisi)

Halleluja – lobt den HERRN!
Es ist gut, unserem Gott Loblieder zu singen;
ja, es macht Freude,
ihn mit unserer Musik zu preisen.
Psalm 147,1

Vorwärts leben!

Gut fünfzig Teilnehmer erleben auf einer Familienfreizeit eine herrliche Bergwelt in Südtirol, eine gute Gemeinschaft untereinander, ganz tiefe Einblicke in die Bibel und dazu wunderbare Ausblicke in die Schöpfung. Frühmorgens gehe ich in den Wald hinter dem Freizeitheim, um die Ruhe, die gute Luft, die Morgenfrische und das Alleinsein vor den vielen Aufgaben und Begegnungen des Tages zu genießen. Als ich eines Morgens die Tür öffne, steht draußen der dreijährige Junge einer der Familien und blinzelt erwartungsfroh in die Sonne. „Was machst du denn hier so früh morgens?" frage ich ihn. „Und wo sind deine Eltern, bist du ganz allein?" - „Och, die schlafen noch nach rückwärts!", sagt er und meint damit, dass sich seine Eltern, nachdem sie ihn angezogen und aus dem Zimmer gelassen haben, noch mal zum Schlafen gelegt haben. Spontan sage ich zu ihm: „Und du möchtest schon mal vorwärts leben?" – „Ja", sagt er und streckt mir beide Hände entgegen. So nehme ich ihn auf den Arm, und wir gehen zusammen in den Wald, um den Tag zu begrüßen und nichts von seiner Schönheit zu versäumen.

Es ist das Vorrecht der Kinder, früh aufzustehen, vorwärts zu leben und hinauszudrängen. Auch Gottes Kinder haben Grund genug, vom Schlaf aufzustehen und vorwärts zu leben und dem Tag Gottes entgegenzugehen.

Liebt also eure Mitmenschen,
denn ihr wisst doch, dass es an der Zeit ist,
aus aller Gleichgültigkeit aufzuwachen.
Unserer endgültigen Erlösung sind wir jetzt
näher als zu Beginn unseres Glaubens. Bald ist
die Nacht vorüber, und der Tag bricht an.
Deshalb wollen wir uns von den Taten trennen,
die zur Dunkelheit gehören, und uns stattdessen
mit den Waffen des Lichts rüsten.
Römer 13,11f

Vergiss die Freude nicht!

„Ich freue mich des Lebens, ich suche keine Dornen, hasche die kleineren Freuden. Sind die Türen niedrig, so bücke ich mich. Kann ich den Stein aus dem Weg räumen, so tue ich es. Ist er zu schwer, so gehe ich um ihn herum. Und so finde ich alle Tage etwas, das mich freut. Und der Schlussstein, der Glaube an Gott, der macht mein Herz froh und mein Angesicht fröhlich!« (Catharina Elisabeth Goethe)

Ich aber darf dir immer nahe sein, das ist mein ganzes Glück! Dir vertraue ich, HERR, mein Gott; von deinen großen Taten will ich allen erzählen.
Psalm 73,28

Reich, ohne es zu wissen

In einem kleinen Dorf wohnt eine ältere, arme Frau. Ihr Sohn ist vor Jahren nach Amerika ausgewandert. Regelmäßig schreibt er ihr. Eines Tages erhält die Frau Besuch vom Lehrer im Dorf. Sie zeigt ihm freudig die Briefe des Sohnes und auch die hübschen „Bildchen“, die der Sohn seinen Briefen beigelegt hat. Es sind zwar immer die gleichen Bilder, die der Sohn geschickt hat, aber die alte Frau freut sich daran. „Frau“, sagt der Lehrer, „das ist doch Geld. Das sind amerikanische Dollarnoten. Sie sind reich und wissen es gar nicht!“

Wir mögen vielleicht lächeln über die Unwissenheit der Frau. Aber sind wir nicht auch oft so mit den Schätzen Gottes in seinem Wort umgegangen? Immer die gleichen hübschen Geschichten. Immer die gleichen netten Worte. Und wir merken gar nicht, dass sie voller Reichtum und Leben, voller Freude und Kraft stecken. Wir sind reich im Glauben, reich in der Hoffnung und wissen es gar nicht. Wir sind Königskinder, sind die Erben Gottes und leben wie Bettler und beklagen die Lebensnöte.

Hat Gott nicht gerade die erwählt,
die in den Augen dieser Welt arm sind?
Sie sollen im Glauben reich werden und
einen Platz in Gottes Reich haben,
das er allen zugesagt hat, die ihn lieben.
Jakobus 2,5

Noch nie da gewesen

Eine Lehrerin möchte ihrer Schulklasse den Erfindungsreichtum der modernen Gesellschaft nahebringen. Sie spricht mit den Schulkindern über all das vermehrte Wissen und Können der letzten Jahrzehnte. Was haben Menschen alles erdacht und erfunden, erprobt und erschlossen! Schließlich fragt sie die Kinder: „Kann mir einer von euch eine wichtige Sache nennen, die es vor fünfzig Jahren noch nicht gab?" Ein Junge in der ersten Reihe meldet sich eifrig und sagt voller Stolz: „Mich!"

Herr, ich danke dir dafür,
dass du mich so wunderbar und einzigartig
gemacht hast! Großartig ist alles,
was du geschaffen hast – das erkenne ich!
Psalm 139,14

Der alte Jim

Dem Pastor einer Gemeinde in Kenia fiel ein alter, ärmlich wirkender Mann auf, der jeden Mittag um 12 Uhr die Kirche betrat und sie schon nach kurzer Zeit wieder verließ. Eines Tages wartete der Pastor auf den Mann und fragte ihn, was er denn in der Kirche tue. Der Alte antwortete: „Ich gehe hinein, um zu beten!" Auf die verwunderte Feststellung: „Aber du bist niemals lange genug in der Kirche, um wirklich beten zu können!" erklärte der alte Mann: „Ich kann kein langes Gebet sprechen, aber ich komme jeden Tag um 12 Uhr vorbei und sage: Jesus, hier ist Jim! Dann warte ich eine Minute, und er hört mich."

Nach einiger Zeit kam der alte Jim mit einer Verletzung seines Beines in das Krankenhaus. Die Schwestern stellten fest, dass er auf alle anderen Patienten einen heilsamen Einfluss hatte. Die Nörgler wurden zufrieden, die Ängstlichen

gewannen neue Zuversicht, die Traurigen wurden fröhlich. Und es wurde viel gelacht in Jims Zimmer. „Jim", sagte die Stationsschwester eines Tages zu ihm, „die anderen Männer sagen, dass du diese Veränderung herbeigeführt hast. Du bist immer glücklich!" – „Ja, Schwester, ich kann nichts dafür, dass ich immer so fröhlich bin. Das kommt durch meinen Besucher." Die Schwester hatte bei Jim noch nie Besuch gesehen, denn er hatte keine Verwandten und auch keine näheren Freunde hier. „Dein Besucher?" fragte sie, „wann kommt er denn?" – „Jeden Tag um 12 Uhr mittags", antwortete Jim. „Er kommt herein, steht am Fußende meines Bettes und sagt: Jim, hier ist Jesus!"

Dabei hilft uns der Geist Gottes in all unseren Schwächen und Nöten. Wissen wir doch nicht einmal, wie wir beten sollen, damit es Gott gefällt! Deshalb tritt Gottes Geist für uns ein, er bittet für uns mit einem Seufzen, wie es sich nicht in Worte fassen lässt.

Römer 8,26

Das alles liebe auch ich

Weinend sagte Franziskus eines Tages zum Herrn:

Ich liebe die Sonne und die Sterne.

Ich liebe Klara und ihre Schwestern.

Ich liebe das Herz der Menschen
Und alle schönen Dinge.

Herr, du musst mir verzeihen,
denn nur dich sollte ich lieben.

Lächelnd antwortete der Herr:
Ich liebe die Sonne und die Sterne.

Ich liebe Klara und ihre Schwestern.

Ich liebe das Herz der Menschen
Und alle schönen Dinge.

Mein Franziskus,
du musst nicht traurig sein,
denn das alles liebe auch ich.

(Volkslied aus Umbrien)

*Der HERR, dein Gott, ist in deiner Mitte,
ein Held, der rettet; er wird sich über dich freuen
mit Wonne, er wird still sein in seiner Liebe,
er wird über dich jubelnd frohlocken.*
Zefanja 3,17

Glück

Herodot schrieb einst die Sage über Polykrates, den Tyrannen von Samos (um 540 v.Chr.) „Der Ring des Polykrates." Und Schiller hat daraus später die berühmte Ballade gemacht: Polykrates bekam einen wunderschönen und besonders wertvollen Ring. Aber er konnte nicht glücklich sein über seinen Schatz, weil er in ständiger Angst lebte, ihn zu verlieren.

Viele Menschen können ihr gegenwärtiges Glück nicht genießen aus lauter Angst vor einem zukünftigen Unglück. Die guten Tage werden oft mit ängstlicher Sorge um kommende, schwere Tage belastet. Das Glück, gesund zu sein, können viele gar nicht auskosten, weil sie voller Angst sind, krank zu werden. Dabei haben die Ängste und Sorgen noch nie etwas wirklich verändert, außer dass sie uns behindert und klein gemacht haben. Darum wollen wir lernen, heute glücklich zu sein und bewusst und gegenwärtig leben, tun, was heute möglich und gut ist, lassen, was heute nicht möglich oder schlecht ist.

Deshalb sorgt euch nicht um morgen – der nächste Tag wird für sich selber sorgen!
Matthäus 6,34

Wenn das Leben nur Gerede ist

Eine arme Frau fand ein Ei. Glücklich rief sie ihre Familie und sagte: „Von nun an brauchen wir uns keine Sorgen mehr zu machen. Seht, ich habe ein Ei gefunden. Wir werden es aber nicht essen, sondern beim Nachbarn unter seine Henne legen. Das Küken werden wir aufziehen, und auch das Huhn werden wir nicht essen, sondern es wird wieder Eier legen und ausbrüten. So werden wir immer mehr Hennen haben. Wir werden aber die Hennen nicht essen, sondern verkaufen und ein Kalb erwerben. Wir werden aber das Kalb nicht schlachten, sondern zur Kuh aufziehen. Die Kuh wird wieder Kälber bekommen, und die wieder Kälber. So werden wir schließlich eine ganze Herde haben. Wir werden dann die Herde verkaufen und einen Acker erwerben, dann werden wir Früchte anbauen und verkaufen und noch mehr Felder kaufen und noch mehr Früchte verkaufen."

Und während die Frau schwätzte und schwätzte, fiel ihr das Ei aus der Hand und zerbrach.

Denn alle unsere Tage schwinden dahin durch deinen Zorn; wir verbringen unsere Jahre wie ein Geschwätz.

Psalm 90,9

Man muss nur miteinander reden

Eine alte Geschichte erzählt von einem Aufruhr im Wald: Unter den Tieren geht das Gerücht um, der große Bär habe eine Todesliste. Bang fragen sich alle Tiere, wer von ihnen wohl auf der Liste stehe. Als erster nimmt der Hirsch mit seinem Riesengeweih allen Mut zusammen, geht zum Bären und fragt ihn offen: „Sag mal, Bär, steh ich auf deiner Liste?" „Ja", meint der Bär, „dein Name steht auch auf der Liste!" Schnell dreht sich der Hirsch um und sucht fluchtartig das Weite.

Und wirklich, nach einigen Tagen wird der Hirsch tot aufgefunden. Die Angst unter den Tieren steigt, und die Gerüchteküche, wer noch alles auf der Liste steht, brodelt. Da verliert der mächtige Keiler die Geduld, wühlt sich zum Bären durch und fragt energisch nach. „Ja", sagt der Bär, „du stehst auch auf der Liste!" Ganz wild ergreift er die Flucht. Aber auch ihn fand man einige Tage später tot auf.

Nun bricht vollends Panik unter den Tieren aus. Sie trauen sich gar nicht mehr durch den Wald. Nur der Angsthase, der von allen als richtiger Hasenfuß verspottet wird, traut sich noch, den Bären aufzusuchen. „Hallo großer Bär, darf ich mal höflich nachfragen, ob ich auch auf deiner Liste stehe?“ – „Ja, kleiner Hase, du stehst auch auf meiner Liste!“ – „Kannst du mich da streichen?“ „Ja klar, gerne doch, gar kein Problem, dein Name ist gestrichen!“ „Ich danke sehr, lieber guter Bär!“, rief der Hase und sprang fröhlich davon.

Freundliche Worte sind wie Honigseim,
süß für die Seele und heilsam für das Gebein.
Sprüche 16,24

Die Wunschliste

Ein junger Mann hatte einen Traum: Er betrat einen Laden. Hinter der Ladentheke sah er einen Engel. Hastig fragte er ihn: „Was verkaufen Sie?" Der Engel gab ihm freundlich zur Antwort: „Alles, was Sie wollen!" Der junge Mann sagte: „Dann hätte ich gern das Ende der Kriege in aller Welt, immer mehr Bereitschaft, miteinander zu reden, die Beseitigung der Elendsviertel in Lateinamerika, mehr Ausbildungsplätze für Jugendliche, mehr Zeit der Eltern, um mit ihren Kindern zu spielen, und, und …"

Da fiel ihm der Engel ins Wort und sagte: „Entschuldigen Sie, junger Mann, Sie haben mich falsch verstanden. Wir verkaufen keine Früchte, wir verkaufen den Samen!"

Mit Gottes Reich ist es wie mit einem Senfkorn, das auf ein Feld gesät wird. Es ist zwar das kleinste von allen Samenkörnern. Wenn es aber in die Erde kommt, wächst es schnell heran und wird größer als die anderen Gartenpflanzen
Markus 4,31f

Vor mir ein Tisch

Der Tisch, den Gott für uns bereitet hat, ist kein Arbeitstisch. Es geht nicht um Mühe und Anstrengung, um Leistung und Erfolg, denn Gott ist immer erst Gastgeber und dann Arbeitgeber.

Der Tisch, an dem Gott auf uns wartet, ist kein Richtertisch. Gott will uns nicht anhören, sondern zuhören, und bei ihm sind wir nicht vorgeladen, sondern eingeladen. Gott will nicht Recht haben, sondern uns liebhaben. Er ist immer erst Retter und dann einmal Richter.

Der Tisch, den Gott für uns gedeckt hat, ist kein Ladentisch. Bei Gott kann man nichts kaufen und muss nichts bezahlen, denn Gott ist kein berechnender Geschäftsmann, sondern ein freigebiger Vater, der seine Liebe umsonst verschenkt.

Der Tisch, an den Gott uns einlädt, ist kein Verhandlungstisch. Mit Gott kann man nicht handeln und braucht nicht um Vorteile zu kämpfen. Diplomatisches Geschick und kluges Ringen um günstige Kompromisse sind hier nicht gefragt.

Denn Gott ist nicht unser Gegner, dem wir Gunst abringen, sondern unser Freund, der uns schon gewogen ist.

Gottes Tisch ist ein besonderer Tisch. Gott hat ihn mit Liebe gedeckt und ihn für uns bereitet. Er lädt uns ein zum Ausruhen und Aussprechen, zum Sattessen und Satttrinken, zum Bleiben und Wohnen. Gott setzt sich mit uns an einen Tisch, und wir dürfen aufatmen.

Du lädst mich ein und deckst mir den Tisch vor den Augen meiner Feinde. Du begrüßt mich wie ein Hausherr seinen Gast und füllst meinen Becher bis zum Rand.
Psalm 23,5

Nun danket alle Gott

Nun danket alle Gott
mit Herzen, Mund und Händen,
der große Dinge tut
an uns und allen Enden,
der uns von Mutterleib
und Kindesbeinen an
unzählig viel zugut
bis hierher hat getan.

Der ewigreiche Gott
woll‘ uns bei unserm Leben
ein immer fröhlich Herz
und edlen Frieden geben
und uns in seiner Gnad
erhalten fort und fort
und uns aus aller Not
erlösen hier und dort.

Lob, Ehr und Preis sei Gott
dem Vater und dem Sohne
und Gott dem Heilgen Geist
im höchsten Himmelsthrone,
ihm, dem dreiein'gen Gott,
wie es im Anfang war
und ist und bleiben wird
so jetzt und immerdar.

(Martin Rinckart)

*Ermutigt einander durch Psalmen,
Lobgesänge und Lieder, wie sie euch
Gottes Geist schenkt. Singt für den Herrn
und jubelt aus vollem Herzen!
Im Namen unseres Herrn Jesus Christus
dankt Gott, dem Vater,
zu jeder Zeit und für alles!*
Epheser 5,19f

Der große Bruder

In einem Kinderheim arbeitet neben vielen anderen Mitarbeiterinnen eine Diakonisse. Sie wird von allen liebevoll Schwester Angela genannt. Eines Tages fragt ein Kind, das neu in das Haus gekommen ist: „Warum nennen dich alle Schwester?" Bevor sie antworten kann, ruft ein Junge: „Das ist doch klar, weil sie einen Bruder hat!"

Die Diakonisse hat dem Kind natürlich noch erklärt, dass sie zu einer Schwesternschaft gehört. Aber die Antwort des Jungen hat es eigentlich genau getroffen. Sie hat den besten Bruder der Welt, zu dem sie gehört. In einer Zeit, in der „Big Brother" so etwas wie ein Programm des völligen Durchschaut- und Kontrolliertwerdens ist, in einer Gesellschaft, in der der „Große Bruder" eher zum Fürchten gerät, erinnern wir uns daran, dass Christen in Jesus einen wirklich guten und verlässlichen Bruder haben. Das war für Schwester Angela die Berufung und Erfüllung zugleich, Jesus mit ihrem Leben zu dienen, der unser aller Bruder geworden ist.

*Denn wer den Willen meines Vaters
im Himmel tut, der ist für mich Bruder,
Schwester und Mutter!*
Matthäus 12,50

Drei Wünsche

Ein Mann, der ewig und mit allem unzufrieden war, bekam eines Tages drei Wünsche frei. Spontan wünschte er sich aus seinem tristen Zuhause fort an den Ort seiner Träume. Unter den Palmen der Südsee konnte er nun endlich das süße Leben genießen. Doch nach einiger Zeit erschien ihm das alles so fad und leer, und er bekam heftiges Heimweh nach Hause. So wünschte er sich wieder an den ihm vertrauten Ort seiner Heimat. Nun hatte er noch einen der drei Wünsche frei. Ihm war klar, dass er nun nicht mehr so töricht und kurzschlüssig wünschen dürfte. Nun galt es, das Beste und Wichtigste zu wünschen. Was könnte das sein? Versuchen Sie doch für ihn oder auch sich selbst eine gute Antwort.

Meine Antwort wäre: ein zufriedenes Herz!

Herr, wenn ich nur dich habe, bedeuten Himmel und Erde mir nichts.

Psalm 73,25

Der ganz besondere Hund

Ein Mann nahm eines Tages seinen neuen Hund mit auf die Jagd, um ihn zu testen. Er schoss eine Ente, die in den See fiel. Der Hund lief über das Wasser und brachte sie seinem Herrn. Der Jäger war völlig verwirrt und schoss eine weitere Ente. Und während er sich noch ungläubig die Augen rieb, lief der Hund wieder über das Wasser und brachte die Ente ans Ufer.

Der Jäger konnte einfach nicht glauben, was er gesehen hatte, und bat am folgenden Tag seinen Nachbarn, ihn auf der Jagd zu begleiten. Und wieder lief der Hund jedes Mal, wenn sein Herr selbst oder sein Nachbar eine Ente geschossen hatte, über das Wasser und brachte das erlegte Tier. Der Nachbar sagte gar nichts. Schließlich

fragte der Jäger seinen Nachbarn: „Sagen Sie mal, ist Ihnen an meinem neuen Hund irgendetwas Seltsames aufgefallen?“ Nachdenklich kraulte der Nachbar seinen Bart und meinte endlich: „Ja, wenn ich es richtig bedenke, tatsächlich. Der verdammte Hund kann nicht schwimmen!“

*Wie viel besser ist es,
Weisheit zu erwerben, als Gold,
und Einsicht zu erwerben
ist begehrenswerter als Silber!*
Sprüche 16,16

Der beste Weg

Der Glaube an Jesus
macht nicht lässig, aber gelassen,
nicht übermütig, aber mutig,
nicht ängstlich, aber engagiert,
nicht träge, aber tragfähig,
nicht kleinlich, aber in kleinsten Dingen treu,
nicht sorgenvoll, aber sorgfältig,
nicht egoistisch, aber selbstbewusst.

Der Glaube setzt nicht auf Beliebigkeit,
aber auf Entscheidungen in Liebe.

Der Glaube fragt nicht nach Mehrheit, aber
nach Wahrheit.

Der Glaube nimmt das Leben ganz ernst,
und hat darum so viel Freude daran.

Der Glaube meint
den Einen und findet in ihm alles.

Der Glaube ist nicht das Ziel,
aber der beste Weg zum Ziel.

*Denn der Geist, den Gott uns gegeben hat,
macht uns nicht zaghaft, sondern er erfüllt uns
mit Kraft, Liebe und Besonnenheit.*
2. Timotheus 1,7

Sind wir verloren?

Eine Fabel aus Indien erzählt von zwei Tauben, die in einem Feigenbaum wohnten. Die eine neigte zur Schwermut, sah alles düster, hatte kein Vertrauen in das Leben und befürchtete ständig ein Unglück. Gerade jammerte sie der anderen Taube vor: „Schau, unsere letzte Stunde ist gekommen, siehst du dort unten den Schützen mit Pfeil und Bogen? Er legt sicher schon auf uns an und gleich wird er uns erlegen. Und über uns kreist schon der räuberische Falke, um sich auf uns beide zu stürzen. Wir sind verloren, es gibt kein Entrinnen."

„Warum machst du dir so viele dunkle und schwere Gedanken? Lebe das Leben, solange es gut ist. Die Not kann sich so schnell wenden, und riesige Berge von Schwierigkeiten können in einem Augenblick zerfallen. Hab Vertrauen!"

In diesem Augenblick biss eine Schlange den Schützen in den Fuß. Erschrocken schoss er den Pfeil in die Luft. Der traf den Falken und durchbohrte ihn. Und die Tauben flogen fröhlich davon.

Achte auf die Menschen,
die aufrichtig und ehrlich sind!
Du wirst sehen:
Auch in Zukunft werden
sie in Frieden leben.
Psalm 37,37

Die Grundlage des Lebens

Zwei Naturwissenschaftler arbeiten in einem Labor gemeinsam an einem Forschungsprojekt. Sie lernen sich auch persönlich näher kennen und schätzen. Eines Tages kommt der eine etwas später ins Labor und sieht seinen Kollegen in der Frühstückspause in der Bibel lesen. Ganz verwundert fragt er ihn: „Glaubst du an die Bibel? Meinst du wirklich, dass dieses alte Buch in unserer modernen Welt noch etwas zu sagen hat? Du weißt doch noch nicht einmal genau, wer das alles geschrieben hat, und die Texte sind zum Teil dreitausend Jahre alt. Das verstehe ich nicht!" Der Kollege schaut ihn ruhig an und fragt zurück: „Wie oft benutzt du bei deiner Arbeit das Einmaleins? Weißt du überhaupt, wer es geschrieben hat und wie alt das eigentlich ist. Warum meinst du, dass ein so altes Wissen heute noch nützt?" – „Nun, das Einmaleins ist gültig und hat seine Bedeutung doch immer neu bewiesen!" - „Und so ist es mit der Bibel auch, sie hat sich in all den Jahrhunderten als gültig und wahr, als wichtig und lebendig erwiesen. Millionen Menschen haben auf ihr Wort gehört, haben ein sinnvolles Leben und ein seliges Sterben gehabt. Und darum lese ich auch in der Bibel. Sie ist die Grundlage meines Lebens, wie das Einmaleins die Grundlage unserer Mathematik ist."

HERR, dein Wort bleibt
für immer und ewig – so unverrückbar
wie der Himmel hat es Bestand
Psalm 119,89f

Arbeit und Vergnügen

Vater und Sohn streiten sich. Der Vater möchte, dass sein Junge fleißig und tüchtig ist. Der Sohn möchte lieber das Leben genießen und alles locker angehen. Der Vater versucht, die Vorzüge der Arbeit deutlich zu machen. Er spricht vom Vorrecht und der besonderen Gabe der Arbeit, von ihrem Nutzen und der tiefen Befriedigung, die man aus einer vollbrachten Arbeit beziehen kann. „Für mich ist die Arbeit jedenfalls etwas Schönes, und es bereitet mir ein Vergnügen, tüchtig zu arbeiten!" – „Siehst du", antwortet der Junge cool, „und ich bin der Meinung, dass wir nicht zum Vergnügen auf der Welt sind!"

Denn was bleibt dem Menschen von seiner Mühe und von all seinen Plänen? Sein Leben lang hat er nichts als Ärger und Sorgen, sogar nachts findet er keine Ruhe! Und doch ist alles vergeblich. Das Beste, was ein Mensch da tun kann, ist: essen und trinken und die Früchte seiner Arbeit genießen. Doch ich weiß: Das kann nur Gott ihm schenken!
Prediger 2,22-24

Du durchdringst alles

Du durchdringest alles,
lass dein schönstes Lichte,
Herr, berühren mein Gesichte.

Wie die zarten Blumen
willig sich entfalten
und der Sonne stillehalten,
lass mich so,
still und froh,
deine Strahlen fassen
und dich wirken lassen!

(Gerhard Tersteegen)

Dann werden alle,
die nach Gottes Willen gelebt haben,
im Reich ihres Vaters leuchten wie die Sonne.
Matthäus 13,43

Blinde Wächter

Eine Geschichte aus der alten UdSSR erzählt, dass in einer Tischlerei von den Arbeitern immer mehr Werkzeuge und Material gestohlen wurden. Deshalb wurde am Tor ein Wachposten aufgestellt. In der ersten Nacht kommt Petrowitsch mit einem verdächtig großen Sack auf einer Schubkarre aus der Werkstatt. „Was haben Sie da?", ruft der Wächter. „Es sind nur Hobelspäne!", erwidert Petrowitsch. Der Wächter lässt den Sack ausleeren. Und tatsächlich waren nur Hobelspäne in dem Sack. Das wiederholte sich nun jede Nacht. Ein großer Sack auf einer Schubkarre, aber immer nur Hobelspäne. Schließlich wurde der Wächter wütend und voller Zorn packte er den Arbeiter: „Ich weiß, dass Sie etwas im Schilde führen, und es macht mich ganz verrückt, dass ich nicht weiß, was es ist. Ich werde Sie gehen lassen, wenn Sie mir sagen, was Sie hier jede Nacht stehlen!" Petrowitsch lächelte und antwortete: „Schubkarren!"

Doch ihr, liebe Brüder und Schwestern,
lebt ja nicht in der Finsternis.
Also kann euch der Tag, an dem der Herr kommt,
auch nicht wie ein Dieb in der Nacht überraschen.
1. Thessalonicher 5,4

Manchmal ein Vorteil

Die Familie war um den Tisch versammelt beim Abendessen. Der älteste Sohn kündigte an, er werde das Mädchen von gegenüber heiraten.

„Aber ihre Familie hat ihr nicht einen Pfennig hinterlassen“, sagte der Vater voller Missbilligung.

„Und sie selbst hat sicher nichts gespart“, ergänzte die Mutter.

„Sie versteht rein gar nichts von Fußball“, sagte der Bruder.

„Ich habe noch nie ein Mädchen mit einer so blöden Frisur gesehen“, warf die Schwester ein.

„Sie tut nichts als billige Romane lesen“, meinte der Onkel.

„Und sie zieht sich sehr geschmacklos an“, meckerte die Tante.

„Dafür spart sie nicht mit Puder und Schminke", sagte die Großmutter. „Alles richtig", sagte der Sohn, „aber sie hat, mit uns verglichen, einen großen Vorteil!" – „Und der wäre?" fragten alle gespannt. – „Sie hat keine Familie!"

So kam ich zu dem Schluss,
dass es für den Menschen
nichts Besseres gibt,
als fröhlich zu sein und
das Leben zu genießen.
Prediger 3,12

Freude soll nimmer schweigen

Freude soll offen sich zeigen.
Freude soll lachen, glänzen und singen.
Freude soll danken ein Leben lang.
Freude soll dir die Seele durchschauern.
Freude soll weiterschwingen.
Freude soll dauern ein Leben lang.

(Joachim Ringelnatz)

Ich will mich freuen und frohlocken in dir, ich will deinem Namen lobsingen, du Höchster!
Psalm 9,3

Wann werden wir klug?

Einige Jäger charterten ein Flugzeug, das sie zur Büffeljagd bringen sollte. Nach einiger Zeit kam der Pilot wieder, um die Jäger abzuholen. Als er die erlegten Tiere sah, meinte er, seine Maschine könne mit den Jägern nicht mehr als einen Büffel mitnehmen, und riet, die anderen Tiere zurückzulassen. „Aber im letzten Jahr erlaubte uns der Pilot, zwei Büffel in der Maschine mitzunehmen!" wandten die Jäger ein. Der Pilot war skeptisch, willigte aber schließlich ein. So startete die kleine Maschine mit den Jägern und den zwei riesigen erlegten Tieren. Der Pilot hatte Recht, das Flugzeug konnte keine Höhe gewinnen und prallte gegen einen naheliegenden Hügel. Die Männer kletterten heraus und sahen sich um. Ein Jäger sagte zu den anderen: „Was meint ihr, wo wir uns befinden?" Die anderen sahen sich suchend um, und einer meinte: „Ich glaube, wir sind ungefähr zwei Meilen westlich von der Stelle, an der wir im letzten Jahr abgestürzt sind!"

Ein Narr, der auf seiner Dummheit beharrt,
gleicht einem Hund, der wieder frisst,
was er herausgewürgt hat.
Sprüche 26,11

Lachen und Weinen

Von Johann Wolfgang Goethe gibt es eine schöne Geschichte über einen Chodscha:

Kaiser Timur war ein hässlicher Mann; er hatte ein blindes Auge und einen lahmen Fuß. Indem nun eines Tages sein Chodscha, ein Gelehrter, um ihn war, kratzte sich Timur den Kopf, denn die Zeit des Barbierens war gekommen, und befahl, der Barbier solle gerufen werden. Nachdem der Kopf geschoren war, gab der Barbier, wie gewöhnlich, Timur den Spiegel in die Hand. Timur sah sich im Spiegel und fand sein Ansehen gar zu hässlich. Darüber fing er an zu weinen, auch der Chodscha hub an zu weinen, und so weinten sie ein paar Stunden. Hierauf trösteten einige Gesellschafter den Timur und unterhielten ihn mit sonderbaren Erzählungen, um ihn alles vergessen zu machen. Timur hörte auf zu weinen, der Chodscha aber hörte nicht auf, sondern fing erst recht an, stärker zu weinen. Endlich sprach Timur zum Chodscha: „Höre! Ich habe in den Spiegel geschaut und habe mich sehr hässlich gesehen, darüber betrübte ich mich, weil ich nicht allein Kaiser bin, sondern auch viel Vermögen habe, daneben aber so hässlich bin, darum habe ich geweint. Und warum weinst du noch ohne Aufhören?" Der Chodscha antwortete: „Wenn du nur einmal in den Spiegel gesehen und bei Beschauung deines Gesichts es gar nicht hast aushalten können, dich anzusehen, sondern darüber geweint hast, was sollen wir denn tun, die wir Nacht und Tag dein Gesicht anzusehen haben? Wenn wir nicht weinen, wer soll denn weinen! Deshalb habe ich geweint." Timur kam vor Lachen außer sich.

Freut euch mit den Fröhlichen
und weint mit den Weinenden!
Römer 12,15

Segenswunsch

Der Herr segne dich.

Er lasse deine Füße gute Wege gehen
und deine Hände voller Wärme sein.
Er gebe deinen Augen ein Lächeln und deinen
Ohren den Wohlklang liebender Worte.
Er erfülle deinen Mund mit Jubel
und dein Herz mit Zuversicht.
Er fülle deine Tage mit froher Lebenskraft
und deine Nächte mit Ruhe und Geborgenheit.
Er lasse deine Vergangenheit bei sich aufgehoben
und deine Zukunft mit den besten Wünschen
eröffnet sein.
Der Herr segne dich und behüte dich!

Seht, euer König kommt zu euch!
Er ist gerecht und bringt euch Rettung.
Sacharja, 9,9